Mein Trauer-Begleiter

Zur Erinnerung an
einen wunderbaren Menschen
und lieben Freund,
der viel zu früh
sein Leben in Gottes Hände
zurückgeben musste.

Pia Biehl

Mein Trauer-
Begleiter

www.bibelwerk.de
ISBN 978-3-460-30009-5

Alle Rechte vorbehalten
© 2007 Verlag Katholisches Bibelwerk GmbH, Stuttgart
Für die Texte aus der Einheitsübersetzung der Heiligen Schrift
© 1980 Katholische Bibelanstalt GmbH, Stuttgart
Umschlagbild: Dirk Beiser, www.photocase.com
Gesamtgestaltung: Eva-Maria Westerdick, Mühlheim an der Ruhr
Druck und Bindung: Ludwig Auer GmbH, Donauwörth

Inhalt

8 **Einführung**

Ich kann es nicht begreifen ...

12 Du bist tot!
14 Warum hast du mich verlassen?
15 Ich kann es nicht begreifen
16 Ich kann es nicht aussprechen
17 Meine Welt bricht zusammen
18 Gib mir Kraft zum Klagen
19 Achte auf mein lautes Flehen

Warum?

22 Warum?
24 Ist das dein Wille?
25 Meine Seele ist zu Tode betrübt
26 Völlig unerwartet
27 Tag des Abschieds
29 Wäre er nicht gestorben ...
30 Wie lange noch ...?
31 Mein Gott, mein Gott, warum hast du mich verlassen?
32 Herr, eile mir zu Hilfe!
33 Warum verbirgst du dein Gesicht?
34 Ich schreie zu Gott
35 Die Stunde ist gekommen
36 Im Tod ist das Leben
37 Gottvertrauen
38 Sammle meine Tränen in einem Krug
41 ... und verzweifeln dennoch nicht
42 Ich steh´ vor dir mit leeren Händen, Herr

43 Wir können nicht tiefer fallen, als in deine Hand
44 Gott, lass mich in meiner Trauer nicht allein
45 Im Haus meines Vaters sind viele Wohnungen

Du bist nicht mehr da ...
48 Etwas von dir
49 Mein Leben in Gottes Hände
50 ... dass alles gut wird
51 Gottes Trost
52 Ciao bis bald!
53 Er ist auferstanden
54 Wer wird den Stein wegrollen?
56 Du zeigst mir die Wege zum Leben
57 Bei Gott bin ich geborgen
58 Ich suche dein Gesicht
60 Was kann uns scheiden von der Liebe Gottes?
61 Ich werde sie heilen
62 Du fehlst mir so!
63 Ich wende euer Geschick
64 Hilf mir, es zu akzeptieren
65 Auf dem Weg nach Emmaus
66 Gut ist es zu harren auf die Hilfe des Herrn

Leben, ohne dich ...?
70 Ich will es versuchen
73 Nichts ist mehr so, wie es war
74 Trostworte
75 Irgendwann werden wir vielleicht erkennen
77 Sie sollen meine Herrlichkeit sehen
78 Warum weinst du?

79 Von der Trauer zur Hoffnung
82 Damit jeder das ewige Leben hat
83 ... damit ich alle Trauernden tröste
84 Du zeigst mir den Weg zum Leben
85 Euer Kummer wird sich in Freude verwandeln
86 Ich will wieder Schritte wagen
87 Alles hat seine Zeit
88 Meine Hoffnung
89 Ich bin die Auferstehung und das Leben
90 Hab festen Mut und hoffe auf den Herrn!
91 Lass dir Zeit

92 **Ein Wort zum Schluss ...**

93 **Trauerphasen nach Verena Kast**

Einführung

Der Tod verändert Leben. Stirbt der Lebenspartner, ein Elternteil, das Kind, die Freundin, der Kollege, reißt das eine nicht zu schließende Lücke. Egal, in welcher Beziehung wir zu den Verstorbenen stehen, sie fehlen uns in der Partnerschaft, in der Familie, in der Kindergartengruppe, der Schulklasse, im Freundes- und Kollegenkreis.

Manchmal ist der Tod herbeigesehnte Erlösung, von den Gebrechen des Alters, von einer schweren Erkrankung, von langem Leiden. Dann wieder kommt der Tod plötzlich und unerwartet. Menschen werden durch schreckliche Unfälle, Naturkatastrophen, plötzliche Erkrankungen mitten aus dem Leben gerissen. Es gibt Menschen, die sich das Leben nehmen, anderen wird durch die Hand anderer Menschen das Leben genommen. Immer bleiben Menschen zurück, die mit dem Tod des Partners, des Elternteiles, des Kindes, der Freundin, des Kollegen leben lernen müssen. Der Mensch, der Teil des Lebens war, ist nicht mehr da.

Unser christlicher Glaube schenkt uns die Gewissheit: Der Tod ist nicht das Ende, er ist der Anfang eines neuen Lebens. Im Lebenslauf eine tröstliche Gewissheit. Aber wie sieht es mit dieser Gewissheit aus, wenn der Tod eines anderen Menschen konkret mein Leben verändert? Wenn er Lücken in mein Lebensumfeld reißt? Wenn ich ganz persönlich betroffen bin? Gelingt es mir in meiner Trauer, Fassungslosigkeit und Ohnmacht, mit der ich dem Tod des geliebten Menschen gegenüber stehe, Jesu Botschaft an mich heran zu lassen? Gibt es für mich noch die Lichtspur der Auferstehung in meinem Dunkel und der Trostlosigkeit? Die persönliche Erfahrung mit dem Tod erschüttert uns bis in die Grundfesten unserer Existenz. Das Leben ist von einem Augenblick auf den anderen auf den Kopf gestellt. Nichts ist mehr, wie es war. Es heißt, das Leben neu zu lernen.

Trauer ist ein wesentlicher Bestandteil dieses Lernprozesses. Trauer ist eine lebenswichtige Reaktion auf den Verlust des geliebten Menschen. In einem Trauerprozess können wir Abschied nehmen. Besonders wichtig ist dieses Abschied nehmen, wenn der Tod plötzlich und unerwartet kam. Trauer hat viele Gesichter. Jeder Mensch empfindet Trauer anders und geht anders damit um. Verschiedenste Gefühle, körperliche Empfindungen und auch Gedanken und Phantasien können bei Trauernden auftreten. Trauer muss Raum haben, gelebt zu werden! Trauernde brauchen Raum und Zeit, ihre Trauer anzunehmen und mit ihr zu leben. Und sie brauchen Menschen, die sie auf diesem Weg des Trauerns und Abschiednehmens begleiten.
Die Psychologie kennt verschiedene Trauerphasen, die eigentlich jede/r Trauernde mehr oder weniger durchläuft und die meinen Texten zu Grunde liegen. Im Anhang sind diese Trauerphasen für jeden, der sie nachlesen möchte, kurz beschrieben.

Ich kann es nicht
begreifen ...

Du bist tot!

Tot!
Du bist tot!

Mitten in die Fassungslosigkeit,
Wut,
Ohnmacht,
in das ungläubige Entsetzen
die deine plötzliche schwere Erkrankung
in mir ausgelöst hat,
fällt die Nachricht deines Todes.

In mir wird ein Schalter umgelegt.

Tot! _____

Ich lebe wie hinter einer Wand,
wo mich nichts mehr erschüttern kann.
Die Frage nach dem Beerdigungstermin,
nach Parkmöglichkeiten am Friedhof,
nach der passenden Garderobe und
der Wahl eines Fleurop- Schecks, frischer Blumen
oder einer Spende bewegen mich mehr,
als die Tatsache,
dass du nicht mehr lebst.

Gleich kommt bestimmt jemand und weckt mich
aus diesem Alptraum.
**Man stirbt nicht einfach so!
Du schon gar nicht!**

Deine Todesanzeige in der Zeitung
nehme ich zur Kenntnis, mehr nicht.
Es erreicht mich alles gar nicht.

Begegnungen, Gespräche,
Momentaufnahmen
reihen sich emotionslos aneinander.

Eigentlich möchte ich weinen,
müsste ich weinen.
Ich kann nicht!
Es ist leer in mir.

Was ist das?
Statt Tränen, Trauer, Ohnmacht, Wut:
Nüchterne Gelassenheit.

**Die Nachricht deines Todes
ist im Kopf
hängen geblieben.**

Warum hast du mich verlassen?

Mein Gott, mein Gott,
warum hast du mich verlassen,

bist fern meinem Schreien,
den Worten meiner Klage?

Mein Gott, ich rufe bei Tag,
doch du gibst keine Antwort;

ich rufe bei Nacht
und finde doch keine Ruhe.

Psalm 22,2-3

Ich kann es nicht begreifen

Gott, sag mir, dass das alles nicht wahr ist.
Gleich werde ich wach und merke,
dass ich nur schlecht geträumt habe.

Mir ist übel,
mal ist mein Kopf leer,
dann wieder schwirren
tausend Gedanken durch meinen Kopf.

Das lässt du doch nicht zu!

Das kann alles nicht sein.
Ich kann es nicht begreifen.
Ich will es auch gar nicht.

Ich kann es nicht aussprechen

sprachlosigkeit

entsetzen

l e e r e

mein gott ____

ich kann es

nicht

ins wort

bringen

Meine Welt bricht zusammen

meine Träume
unser Traum

meine Hoffnungen
unsere Hoffnung

meine Wünsche
unser Wunsch

meine Ziele
unser Ziel

meine Liebe
unsere Liebe

mein Leben
unser gemeinsames Leben

ausgeträumt

hoffnungslos

leer

ziellos

zusammengebrochen

tot

Gib mir Kraft zum Klagen

Gott,
gib mir Kraft zum Klagen.

Gib mir Stimme,
meiner Trauer Ausdruck zu geben,
hinaus zu schreien,
was mich quält,
was ich nicht verstehe,
was ich nicht fassen,
was ich nicht annehmen kann.

Gott,
gib mir Menschen, die bei mir sind.

Gib ihnen Kraft,
meine Klage auszuhalten,
mein Schreien anzuhören,
mich anzunehmen in meiner Trauer,
meinem Schmerz,
meiner Verzweiflung
meiner Hoffnungslosigkeit,
meiner Trostlosigkeit.

Achte auf mein lautes Flehen

Aus der Tiefe rufe ich, Herr, zu dir:
Herr, höre meine Stimme! Wende dein Ohr mir zu,
achte auf mein lautes Flehen!
Psalm 130,1-2

Warum?

Warum?

Warum?

Warum?

Warum?

Warum?

Warum?

Warum?

Mein Gott, warum?

„Meine Gedanken sind nicht eure Gedanken.
Und eure Wege sind nicht meine Wege!" Jesaja 55,8

Entschuldige, aber in diesem Fall
kann ich deine Gedanken, Gott,
nicht nachvollziehen.

Mir geht so vieles durch den Kopf.
Warum gerade er?

Noch nie in meinem Leben
hat es mir so wehgetan,
im Vater unser zu beten:
Dein Wille geschehe !

Eigentlich ist mir im Moment
mein Glaube fast hinderlich!
Auf jede Frage schickst du mir eine Antwort,
zumindest einen Gedanken zum weiterspinnen.
Ich kann noch nicht einmal
einen Streit anzetteln.
Immer hast du das letzte Wort.

„Der Tod ist das Tor zum Leben" _____

Warum holst du ihn gerade jetzt?
Warum so früh?
Er hat so vielen so vieles gegeben!
Ja, ich weiß, du hast ihn zu dir geholt.
Du hast ihm viele Schmerzen erspart.
Aber das Loslassen tut so weh!

Die Erinnerung an diesen wunderbaren Menschen
kann mich jetzt auch nicht trösten.
Noch nicht.

Hilf mir,
zu verstehen,
warum er diesen Weg gehen musste.
Nicht heute, nicht morgen,
irgendwann,
wenn der Schmerz nachlässt,
wenn in mir wieder Raum ist,
wenn die Erinnerung an ihn
dankbar und froh macht
und nicht mehr so entsetzlich weh tut.

Ist das dein Wille?

„Dein Wille geschehe!"

Gott, ist das hier dein Wille?

Meine Seele ist zu Tode betrübt

Und er nahm Petrus und die beiden Söhne des Zebedäus mit sich. Da ergriff ihn Angst und Traurigkeit, und er sagte zu ihnen: Meine Seele ist zu Tode betrübt. Bleibt hier und wacht mit mir!

Und er ging ein Stück weiter, warf sich zu Boden und betete: **Mein Vater, wenn es möglich ist, gehe dieser Kelch an mir vorüber. Aber nicht wie ich will, sondern wie du willst.**
Matthäus 26,37

Völlig unerwartet

Haltet auch ihr euch bereit!
Denn der Menschensohn kommt
zu einer Stunde, in der ihr es nicht erwartet.
Lukas 12,40

Tag des Abschieds

Der Schmerz bricht sich seine Bahn.
Alles, was die letzten Tage
so weit weg von mir war,
will heraus.

Die Trauer,
die Frage nach dem „Warum?",
die pure Fassungslosigkeit.

Wir feiern ein Auferstehungsamt,
du hast es so bestimmt.

**„Der Tod ist nicht das Ende.
Er ist der Anfang eines neuen Lebens!"**
Deine Worte!

Du willst uns trösten.
„Habt Vertrauen!"
Es gibt aber keinen Trost!
Noch (?) nicht!

Der lange Trauerzug aus der Kirche.
Auf dem Friedhof ist es kalt,
es stürmt und schneit.

Dieser Weg zu deinem Grab hat sich
mir eingeprägt.
Jeder Schritt.
Es tut so weh!

Deine Eltern, deine Brüder,
deine Freunde,
die vielen Menschen ....
Ich kann es nicht ausdrücken,
was in mir vorgeht.

Ein letzter Blick auf deinen Sarg.
Weiße Tulpen ....

Ciao ...

Der Tod ist nicht das Ende...?

Wäre er nicht gestorben...

Marta sagte zu Jesus:
Herr, wärst du hier gewesen,
dann wäre mein Bruder nicht gestorben.
Johannes 11,21

Wie lange noch ...?

Wie lange noch,
Herr, vergisst du mich ganz?

Wie lange noch
verbirgst du dein Gesicht vor mir?

Wie lange noch
muss ich Schmerzen ertragen in meiner Seele,
in meinem Herzen Kummer Tag für Tag?
Psalm 13

Mein Gott, mein Gott, warum hast du mich verlassen?

Als die sechste Stunde kam, brach über das ganze Land eine Finsternis herein. Sie dauerte bis zur neunten Stunde. Und in der neunten Stunde rief Jesus mit lauter Stimme: **Eloï, Eloï, lema sabachtani?**, das heißt übersetzt: **Mein Gott, mein Gott, warum hast du mich verlassen?**

Einige von denen, die dabeistanden und es hörten, sagten: Hört, er ruft nach Elija! Einer lief hin, tauchte einen Schwamm in Essig, steckte ihn auf einen Stock und gab Jesus zu trinken. Dabei sagte er: Lasst uns doch sehen, ob Elija kommt und ihn herabnimmt.

Jesus aber schrie laut auf. Dann hauchte er den Geist aus. Da riss der Vorhang im Tempel von oben bis unten entzwei.

Als der Hauptmann, der Jesus gegenüberstand, ihn auf diese Weise sterben sah, sagte er: **Wahrhaftig, dieser Mensch war Gottes Sohn.**
Markus 15,33-41

Herr, eile mir zu Hilfe!

Gott, komm herbei, um mich zu retten,
Herr, eile mir zu Hilfe!
Psalm 70,2

Warum verbirgst du dein Gesicht?

Wach auf! **Warum schläfst du, Herr?**
Erwache, verstoße nicht für immer!
Warum verbirgst du dein Gesicht,
vergisst unsere Not und Bedrängnis?
Unsere Seele ist in den Staub hinabgebeugt,
unser Leib liegt am Boden.

Steh auf und hilf uns!
In deiner Huld erlöse uns!
Psalm 44,24-27

Ich schreie zu Gott

Ich rufe zu Gott, ich schreie, ich rufe zu Gott, bis er mich hört.

Am Tag meiner Not suche ich den Herrn;
unablässig erhebe ich nachts meine Hände,
meine Seele lässt sich nicht trösten.
Denke ich an Gott, muss ich seufzen;
sinne ich nach, dann will mein Geist verzagen.
Du lässt mich nicht mehr schlafen;
ich bin voll Unruhe und kann nicht reden.
Ich sinne nach über die Tage von einst,
ich will denken an längst vergangene Jahre.
Mein Herz grübelt bei Nacht,
ich sinne nach, es forscht mein Geist.
Wird der Herr mich denn auf ewig verstoßen
und mir niemals mehr gnädig sein?
Psalm 77

Die Stunde ist gekommen

Jesus aber antwortete ihnen: Die Stunde ist gekommen, dass der Menschensohn verherrlicht wird.

Amen, amen, ich sage euch: Wenn das Weizenkorn nicht in die Erde fällt und stirbt, bleibt es allein; wenn es aber stirbt, bringt es reiche Frucht.

Wer an seinem Leben hängt, verliert es; wer aber sein Leben in dieser Welt gering achtet, wird es bewahren bis ins ewige Leben.
Johannes 12,23-25

Im Tod ist das Leben

Das Weizenkorn muss sterben,
sonst bleibt es ja allein,
der eine lebt vom andern,
für sich kann keiner sein.

**Geheimnis des Glaubens,
im Tod ist das Leben.**

So gab der Herr sein Leben,
verschenkte sich wie Brot.
Wer dieses Brot genommen,
verkündet seinen Tod.

**Geheimnis des Glaubens,
im Tod ist das Leben.**

Wer dies Geheimnis feiert,
soll selber sein wie Brot;
so lässt er sich verzehren
von aller Menschennot.

**Geheimnis des Glaubens,
im Tod ist das Leben.**

Als Brot für viele Menschen
hat uns der Herr erwählt;
wir leben füreinander,
und nur die Liebe zählt.

**Geheimnis des Glaubens,
im Tod ist das Leben.**

Lothar Zenetti

Gottvertrauen

Wir dürfen uns hineinfallen lassen
in deine Hand,
mit unserer Trauer,
unserem Schmerz,
unserer Sprachlosigkeit.
Du hältst uns fest
wenn wir nicht mehr weiter wissen.

Sammle meine Tränen in einem Krug

Trauer, Wut,
Verzweiflung, Ohnmacht
und Schmerz
bahnen sich einen Weg.
Ich möchte die Frage nach dem „Warum?"
herausschreien,
aber meine Tränen ersticken
jeden Ton.

Herr,
sammle meine Tränen in einem Krug.

Fange sie auf,
wie kostbare Perlen.
Und wenn der Krug gefüllt ist,
lass meine Tränen
zu lebensspendendem Wasser werden.

Lebensspendendes Wasser
für das Leben,
das nun vor mir liegt.
Es wird ein anderes Leben sein.
Nichts wird so sein,
wie es war.

„Habt Vertrauen!",
hat Jesus seinen Jüngern zugerufen.

„Hab Vertrauen!",
das gilt auch mir.

Stärke mein Vertrauen darauf,
dass es eine Zeit nach
der Trauer, der Wut,
der Verzweiflung, der Ohnmacht
und des Schmerzes gibt.
Stärke mein Vertrauen darauf,
dass du jede einzelne meiner Tränen
sammelst in einem Krug.

**Und wenn der Krug voll ist,
lass sie
lebensspendend,
hoffnungsspendend,
segensspendend sein,
für das Leben,
das nun vor mir liegt.**

Mein Leben.

Sammle meine Tränen in einem Krug.

Ich vertraue sie dir an,
in meiner Trauer, meiner Ohnmacht ,
meiner Verzweiflung,
meinem Schmerz.
**Lass aus ihnen
Hoffnung, Zuversicht,
Kraft und Vertrauen erwachsen.**
Nicht heute,
nicht morgen.
Dann, wenn der Krug gefüllt ist,
wenn der Schmerz nachlässt,
wenn ich mich wieder öffnen kann,
wenn ich wieder leben kann.

... und verzweifeln dennoch nicht

Diesen Schatz tragen wir in zerbrechlichen Gefäßen; so wird deutlich, dass das Übermaß der Kraft von Gott und nicht von uns kommt.

Von allen Seiten werden wir in die Enge getrieben und finden doch noch Raum; wir wissen weder aus noch ein und verzweifeln dennoch nicht; wir werden gehetzt und sind doch nicht verlassen; wir werden niedergestreckt und doch nicht vernichtet.
Wohin wir auch kommen, immer tragen wir das Todesleiden Jesu an unserem Leib, damit auch das Leben Jesu an unserem Leib sichtbar wird.

Denn immer werden wir, obgleich wir leben, um Jesu willen dem Tod ausgeliefert, damit auch das Leben Jesu an unserem sterblichen Fleisch offenbar wird.
2 Korinther 4,7-11

Ich steh´ vor dir mit leeren Händen, Herr

Ich steh´ vor dir mit leeren Händen, Herr,
fremd wie dein Name, sind mir deine Wege.
Seit Menschen leben, rufen sie nach Gott;
mein Los ist Tod, hast du nicht andern Segen?
Bist du der Gott, der Zukunft mir verheißt?
Ich möchte glauben, komm mir doch entgegen.

Lothar Zenetti

Ja Herr,
ich stehe vor dir mit leeren Händen,
aber voller Fragen:
Warum?
Warum dieser Tod?
Warum jetzt?
Warum auf diese Art und Weise?
Warum lässt du das zu?
Dein Name ist mir fremd.
Fremd geworden.
Deine Wege sowieso.

WARUM????

Wir können nicht tiefer fallen, als in deine Hand

Von Zweifeln ist mein Leben übermannt.
Mein Unvermögen hält mich ganz gefangen.
Hast du mit Namen mich in deine Hand,
in dein Erbarmen fest mich eingeschrieben?
Nimmst du mich auf in dein gelobtes Land?
Werd ich dich noch mit neuen Augen sehen?

Lothar Zenetti

Gott, ich zweifle.
Kann das dein Wille sein,
dass Leben zerstört wird?
Durch einen grausamen Unfall,
die schwere Krankheit?
Ein Mensch,
der mitten im Leben stand,
das Leben noch vor sich hatte?
Ein Mensch,
der vielen noch so vieles hätte geben können?

Wir können nicht tiefer fallen, als in deine Hand.
Auch im Tod nicht.

Es fällt mir im Augenblick schwer, das zu glauben.

Gott, lass mich in meiner Trauer nicht allein

Sprich du das Wort, das tröstet und befreit
und das mich führt in deinen großen Frieden.
Schließ auf das Land, das keine Grenzen kennt,
und lass mich unter deinen Kindern leben.
Sei du mein täglich Brot, so wahr du lebst.
Du bist mein Atem, wenn ich zu dir bete.

Lothar Zenetti

Gott,

lass mich in meiner Trauer nicht allein.
Zeige mir Wege in mein Leben.
Weite meinen Blick,
dass ich auf unser gemeinsames Leben zurückschauen kann,
dankbar für alles,
was es mir gegeben hat.
Nimm meine Trauer und meine Fragen,
meine Zweifel
und auch meine Wut
an als Gebet.
Komm mir entgegen
und nimm mich an die Hand.

Im Haus meines Vaters sind viele Wohnungen

Euer Herz lasse sich nicht verwirren. Glaubt an Gott und glaubt an mich!

Im Haus meines Vaters gibt es viele Wohnungen. Wenn es nicht so wäre, hätte ich euch dann gesagt:
Ich gehe, um einen Platz für euch vorzubereiten?

Wenn ich gegangen bin und einen Platz für euch vorbereitet habe, komme ich wieder und werde euch zu mir holen, damit auch ihr dort seid, wo ich bin. Und wohin ich gehe - den Weg dorthin kennt ihr.

Thomas sagte zu ihm: Herr, wir wissen nicht, wohin du gehst. Wie sollen wir dann den Weg kennen? Jesus sagte zu ihm:
Ich bin der Weg und die Wahrheit und das Leben; niemand kommt zum Vater außer durch mich.
Johannes 14,1 -6

nicht mehr da ...

nicht mehr da ...

nicht mehr da ...

Du bist
nicht mehr da ...
nicht mehr da ...

Etwas von dir

Das Leben,
mein Leben,
hat sich verändert.

Es ist so leer ohne dich!

Im Regal liegt das Buch,
das wir gemeinsam ausgesucht hatten.
Das Bild von deiner Verabschiedung
hängt über meinem Schreibtisch,
daneben die Geburtstagskarte
und eine Ansichtskarte vom letzten Sommer.

**Jetzt bin ich richtig froh,
dass ich so viel aufhebe.**
Da bleibt mir wenigstens ein bisschen was
von dir.

Am liebsten würde ich alles
in eine Kiste packen
und mich oben drauf setzen.

Jetzt lach mich nicht aus!

**An irgendetwas muss ich
mich doch festhalten.**

Mein Leben in Gottes Hände

„Im Zeichen des Kreuzes
lege ich mein Leben in Gottes Hände,
denn Gottes Hände sind gut."

Joseph Kardinal Höffner

... dass alles gut wird

„Gottes Hände sind gut!"
Ich möchte mich jetzt auch
in Gottes Hände hineinkuscheln,
in dem Bewusstsein, dass alles gut wird!

Auch, wenn es noch
eine ganze Weile dauern wird ...

Gottes Trost

Doch Zion sagt: Der Herr hat mich verlassen,
Gott hat mich vergessen.

Kann denn eine Frau ihr Kindlein vergessen,
eine Mutter ihren leiblichen Sohn?
Und selbst wenn sie ihn vergessen würde:

Ich vergesse dich nicht.

Sieh her:
Ich habe dich eingezeichnet in meine Hände.
Jesaja 49,14-16.a

Ciao bis bald!

Ich habe gedacht,
ich gewöhne mich an den Schmerz.
Eine vage Hoffnung ...

Hier vor deinem Grab
holt er mich wieder ein.
Ein Erdhügel unter Tannengrün,
ein Strauß weißer Rosen,
eine Schale mit lachend gelben Osterglocken.

Mir laufen schon wieder die Tränen über das Gesicht.
Warum bloß
lässt mich diese Verzweiflung nicht los?

Zeit zu gehen.

Ich lasse dir ein Licht hier,
dass es nicht so dunkel ist,
heute Nacht.

Wir haben immer „Ciao" gesagt,
weißt du noch?

Ciao, Ciao bis bald!

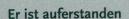

Er ist auferstanden

Als der Sabbat vorüber war, kauften Maria aus Magdala, Maria, die Mutter des Jakobus, und Salome wohlriechende Öle, um damit zum Grab zu gehen und Jesus zu salben.

Am ersten Tag der Woche kamen sie in aller Frühe zum Grab, als eben die Sonne aufging.

Sie sagten zueinander: Wer könnte uns den Stein vom Eingang des Grabes wegwälzen?

Doch als sie hinblickten, sahen sie, dass der Stein schon weggewälzt war; er war sehr groß.

Sie gingen in das Grab hinein und sahen auf der rechten Seite einen jungen Mann sitzen, der mit einem weißen Gewand bekleidet war; da erschraken sie sehr.

Er aber sagte zu ihnen: **Erschreckt nicht!** Ihr sucht Jesus von Nazaret, den Gekreuzigten. **Er ist auferstanden; er ist nicht hier.** Seht, da ist die Stelle, wo man ihn hingelegt hatte.
Markus 16,1-6

Wer wird den Stein wegrollen?

Viele Steine versperren meinen Weg.

Wer wird den Stein wegrollen?

Den Stein der Trauer
über den Tod eines geliebten Menschen?

Den Stein der Mutlosigkeit und Verzweiflung,
wenn ich nicht mehr weiter weiß?

Den Stein der Erschöpfung,
wenn mein Alltag mich stark fordert,
manchmal auch überfordert?

Den Stein der Sorgen
um die mir anvertrauten Menschen?

Den Stein der Wut,
die mich oftmals grundlos packt?

Wer wird den Stein wegrollen?

„Habt Vertrauen!"
steht auf dem Grabstein
eines Freundes.

„Habt Vertrauen!"...
und die Steine der Trauer,
der Mutlosigkeit und Verzweiflung,
der Erschöpfung und der Sorgen,
der Wut ...
All die Steine auf meinem Weg
werden zerspringen.

„Habt Vertrauen!"...

und Gott wird auch mir Engel schicken,

die den Stein wegrollen.

Du zeigst mir die Wege zum Leben

Da trat Petrus auf, zusammen mit den Elf; er erhob seine Stimme und begann zu reden: Ihr Juden und alle Bewohner von Jerusalem! Dies sollt ihr wissen, achtet auf meine Worte!

Jesus, den Nazoräer, den Gott vor euch beglaubigt hat durch machtvolle Taten, Wunder und Zeichen, die er durch ihn in eurer Mitte getan hat, wie ihr selbst wisst - ihn, der nach Gottes beschlossenem Willen und Vorauswissen hingegeben wurde, habt ihr durch die Hand von Gesetzlosen ans Kreuz geschlagen und umgebracht.

Gesetzlose: Pilatus und die römischen Soldaten.
Gott aber hat ihn von den Wehen des Todes befreit und auferweckt; denn es war unmöglich, dass er vom Tod festgehalten wurde.

David nämlich sagt über ihn:
Ich habe den Herrn beständig vor Augen.
Er steht mir zur Rechten, ich wanke nicht.
Darum freut sich mein Herz
und frohlockt meine Zunge,
und auch mein Leib wird in sicherer Hoffnung ruhen;
denn du gibst mich nicht der Unterwelt preis,
noch lässt du deinen Frommen die Verwesung schauen.
Du zeigst mir die Wege zum Leben,
du erfüllst mich mit Freude vor deinem Angesicht.
Apostelgeschichte 2,14.22b-28

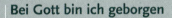

Bei Gott bin ich geborgen

Bei Gott bin ich geborgen, still wie ein Kind.
Bei Ihm ist Trost und Heil.
Ja, hin zu Gott verzehrt sich meine Seele, kehrt in Frieden ein.

Ich suche dein Gesicht

Ich suche dein Gesicht,
deine Augen,
hinter der immer mal wechselnden Brille,
dein Lachen,
das mir so vertraut ist.

Auf den Fotos
kann ich es sehen,
aber es ist nicht in mir!
Wenn ich die Augen schließe,
sehe ich nur deinen Sarg.

In der Kirche,
vor dem Altar,
die Blumen,
Kerze und Kreuz.
„Habt Vertrauen!"

Auf dem Innenhof
der Friedhofshalle,
irgendwie verloren ...
Die Trauergemeinde hält einen
respektvollen Abstand ein.

**Ich wäre so gerne noch einmal
ganz nah zu dir gekommen.**

Die weißen Tulpen passen zu dir.

Dein Sarg im Grab,
bedeckt von Blumen und Erde.
Ich soll Abschied nehmen,
ich muss Abschied nehmen von dir.
Ich kann es nicht,
noch nicht.

Du hast dich nie von mir verabschiedet.
Nicht, als du von hier weggingst,
nicht nach meinem Besuch bei dir,
nicht nach unserem letzten Treffen.
„Ciao, wir sehen uns...."
Wir haben uns nicht mehr gesehen
und das macht es mir so schwer.

Ich glaube,

es ist noch ein langer Weg,

bis ich dich loslassen kann.

Was kann uns scheiden von der Liebe Gottes?

Denn ich bin gewiss:
Weder Tod noch Leben,
weder Engel noch Mächte,
weder Gegenwärtiges noch Zukünftiges,
weder Gewalten der Höhe oder Tiefe
noch irgendeine andere Kreatur
können uns scheiden von der Liebe Gottes,
die in Christus Jesus ist, unserem Herrn.
Römer 8,38-39

nichts

Ich werde sie heilen

Denn so spricht der Hohe und Erhabene,
der ewig Thronende, dessen Name „Der Heilige" ist:
Als Heiliger wohne ich in der Höhe,
aber ich bin auch bei den Zerschlagenen und Bedrückten,
um den Geist der Bedrückten wieder aufleben zu lassen
und das Herz der Zerschlagenen neu zu beleben.
Seinen Trauernden schaffe ich Lob auf den Lippen.

**Friede, Friede den Fernen und den Nahen,
spricht der Herr,
ich werde sie heilen.**

Jesaja 57,15.19bc

Du fehlst mir so!

Morgen sind es drei Monate,
dass du tot bist.
Ich stehe vor deinem Grab,
möchte dir so vieles sagen,
aber es geht alles unter in meinen Tränen.

Der Grabhügel ist glatt gezogen,
die Randsteine sind gesetzt.
0,50 x 1,50 m Fläche für
so einen großen Mann wie dich.
Lila und orange Stiefmütterchen,
ein Strauß roter Rosen,
die Tulpen von mir.
Der Baum über deinem Grab beginnt zu blühen.

Frühling – neues Leben
und du liegst unter dieser Erde.
In drei Tagen feiern wir Ostern.
„Der Tod ist nicht das Ende,
er ist der Anfang eines neuen Lebens."
Auch nach 3 Monaten kann es mich
nicht trösten.

„Du fehlst mir so" steht auf einem Grablicht.

Du fehlst mir so!

Ich wende euer Geschick

Denn ich, ich kenne meine Pläne, die ich für euch habe – Spruch des Herrn –, **Pläne des Heils** und nicht des Unheils; denn **ich will euch** eine **Zukunft und** eine **Hoffnung geben.** Wenn ihr mich ruft, wenn ihr kommt und zu mir betet, so erhöre ich euch.

Sucht ihr mich, so findet ihr mich.

Wenn ihr von ganzem Herzen nach mir fragt,
lasse ich mich von euch finden – Spruch des Herrn. Ich wende euer Geschick und sammle euch aus allen Völkern und von allen Orten, wohin ich euch versprengt habe.

Jeremia 29,11-14b

Hilf mir, es zu akzeptieren

Manchmal muss der Schmerz heraus,
dann bin ich froh,
wenn mir jemand zuhört,
einfach da ist
und meine Trauer mit trägt.

Wenn jemand da ist,
der die schönen Erinnerungen
an dich
mit mir teilt,
der mit mir lacht,
der nicht wegsieht,
wenn ich weine.

Die meisten
reagieren mit Unverständnis:
„Nun krieg dich mal wieder ein,
es ist doch schon so lange her!"
Lange?
Drei Monate sind doch keine Zeit!
Es tut so weh, wie am ersten Tag!

Gott sei Dank
gibt es zwei, drei Menschen,
die mich tragen, ertragen,
wenn ich ein Ventil suche.

Hilf mir,
es zu akzeptieren.
Vielleicht kann ich dann
auch mit meiner Trauer umgehen.

Auf dem Weg nach Emmaus

Trauer, Angst, Verzweiflung,
Unverständnis und Mutlosigkeit
säumen ihren Weg.

Unterwegs der Fremde,
der mit ihnen geht.
Erklärungsversuche,
aber sie verstehen es nicht.

Das gemeinsame Mahl –
Plötzlich verstehen sie ...
... brannte uns nicht das Herz?

Der Rückweg nach Jerusalem
voll Freude und in der Gewissheit:
Christus ist auferstanden!

Gut ist es zu harren auf die Hilfe des Herrn

Du hast mich aus dem Frieden hinaus gestoßen;
ich habe vergessen, was Glück ist.

Ich sprach: Dahin ist mein Glanz
und mein Vertrauen auf den Herrn.
An meine Not und Unrast denken
ist Wermut und Gift.
Immer denkt meine Seele daran
und ist betrübt in mir.
Das will ich mir zu Herzen nehmen,
darauf darf ich harren:

Die Huld des Herrn ist nicht erschöpft,
sein Erbarmen ist nicht zu Ende.
Neu ist es an jedem Morgen;
groß ist deine Treue.
Mein Anteil ist der Herr, sagt meine Seele,
darum harre ich auf ihn.

Gut ist der Herr zu dem, der auf ihn hofft,
zur Seele, die ihn sucht.
Gut ist es, schweigend zu harren
auf die Hilfe des Herrn.
Klagelieder 3,17-26

I
67

Leben, ohne dich ...?

Ich will es versuchen

Dein Grabstein ist gesetzt.
Er ist schön geworden.
Schlicht und einfach.

„Habt Vertrauen!"

So ganz gelingt es mir
noch immer nicht.
Dieser Stein macht deinen Tod
so endgültig.
So unwiderruflich.

Die Bronzebuchstaben auf dem
grauen Stein
lassen keinen Zweifel aufkommen.
Das ist dein Grab.
„Habt Vertrauen!"
Es steht auf diesem Stein,
noch über deinem Namen.

„Habt Vertrauen!"
Es sind jetzt fast 4 Monate
seit deinem Tod vergangen,
und allen Bemühungen zum Trotz
ist es für mich immer noch unfassbar.
Es gibt Tage,
an denen geht es besser
und es gibt Tage,
da holt mich die Verzweiflung wieder ein;
mit voller Wucht und
ohne Vorankündigung.

Warum bloß
tut es immer noch so weh?

„Habt Vertrauen!"
Ich will es versuchen!

Habt Vertrauen!

Doch Jesus begann mit ihnen zu reden und sagte:
Habt Vertrauen, ich bin es; fürchtet euch nicht.
Matthäus 14,27

Nichts ist mehr so, wie es war

Habt Vertrauen!

Dieser Satz begleitet mich
nun schon 5 Monate.
Mittlerweile lebt sich mein Leben
wieder ein bisschen leichter.
Aber es hat sich verändert!

Nichts ist mehr so,
wie es noch vor einem Jahr war.
Du warst nur einen Anruf weit entfernt,
knapp 2 Stunden mit dem Auto
über die Autobahn.

Jetzt brauche ich 30 Minuten
bis an dein Grab ...

Trostworte

Wenn ihr mich liebt, werdet ihr meine Gebote halten. Und ich werde den Vater bitten und er wird euch einen anderen Beistand geben, der für immer bei euch bleiben soll.

Es ist der Geist der Wahrheit, den die Welt nicht empfangen kann, weil sie ihn nicht sieht und nicht kennt. Ihr aber kennt ihn, weil er bei euch bleibt und in euch sein wird.

Ich werde euch nicht als Waisen zurücklassen, sondern ich komme wieder zu euch. Nur noch kurze Zeit, und die Welt sieht mich nicht mehr; ihr aber seht mich, weil ich lebe und weil auch ihr leben werdet.

An jenem Tag werdet ihr erkennen: Ich bin in meinem Vater, ihr seid in mir und ich bin in euch.
Johannes 14,15-20

Irgendwann werden wir vielleicht erkennen

Fünf Monate ohne dich –
fünf Monate in der Gewissheit,
dass du nicht mehr kommst,
nicht mehr anrufen wirst,
nie wieder schreibst.

Fünf Monate,
in denen mein Leben
sich verändert hat.

Trauer in dieser Intensität
habe ich an mir nicht gekannt.
Dein Tod hat nicht nur mein Leben,

er hat **mich** verändert.

Die Fassungslosigkeit,
der Schmerz über deinen Tod
sitzen tief.

Viele Dinge,
die vorher so wichtig waren,
verlieren an Bedeutung,
andere bekommen ein neues Gewicht.

Wenn ich dein Bild anschaue,
springt sie mir entgegen,
die Frage nach dem „Warum?".
Aber aus deinem Bild
spricht auch deine Antwort:
„Habt Vertrauen!"

So manches Mal bin ich wütend.
Du hast uns diese Aufforderung hinterlassen:
„Habt Vertrauen!"
Wir müssen jetzt damit leben:
mit dem Schmerz,
mit unserer Trauer,
unserer Verzweiflung,
und du sagst uns:
„Habt Vertrauen!"

Weißt du eigentlich,
was du da von uns verlangst?

Eigentlich hast du ja recht.
Vertrauen zu haben,
in das, was Gott mit uns vorhat,
ist der einzig richtige Weg.

Irgendwann werden wir vielleicht erkennen,
warum du,
warum wir
diesen Weg gehen mussten.

Irgendwann ...

Sie sollen meine Herrlichkeit sehen

Vater, ich will, dass alle, die du mir gegeben hast, dort bei mir sind, wo ich bin. Sie sollen meine Herrlichkeit sehen, die du mir gegeben hast, weil du mich schon geliebt hast vor der Erschaffung der Welt.

Gerechter Vater, die Welt hat dich nicht erkannt, ich aber habe dich erkannt und sie haben erkannt, dass du mich gesandt hast.

Ich habe ihnen deinen Namen bekannt gemacht und werde ihn bekannt machen, damit die Liebe, mit der du mich geliebt hast, in ihnen ist und damit ich in ihnen bin.

Johannes 17,24-26

Warum weinst du?

Maria aber stand draußen vor dem Grab und weinte. Während sie weinte, beugte sie sich in die Grabkammer hinein. Da sah sie zwei Engel in weißen Gewändern sitzen, den einen dort, wo der Kopf, den anderen dort, wo die Füße des Leichnams Jesu gelegen hatten. Die Engel sagten zu ihr: Frau, warum weinst du? Sie antwortete ihnen: Man hat meinen Herrn weggenommen und ich weiß nicht, wohin man ihn gelegt hat.

Als sie das gesagt hatte, wandte sie sich um und sah Jesus dastehen, wusste aber nicht, dass es Jesus war. Jesus sagte zu ihr: Frau, warum weinst du? Wen suchst du? Sie meinte, es sei der Gärtner, und sagte zu ihm: Herr, wenn du ihn weggebracht hast, sag mir, wohin du ihn gelegt hast. Dann will ich ihn holen.

Jesus sagte zu ihr: Maria! Da wandte sie sich ihm zu und sagte auf Hebräisch zu ihm: Rabbuni!, das heißt: Meister. Jesus sagte zu ihr: Halte mich nicht fest; denn ich bin noch nicht zum Vater hinaufgegangen. Geh aber zu meinen Brüdern und sag ihnen: Ich gehe hinauf zu meinem Vater und zu eurem Vater, zu meinem Gott und zu eurem Gott.

Maria von Magdala ging zu den Jüngern und verkündete ihnen: Ich habe den Herrn gesehen. Und sie richtete aus, was er ihr gesagt hatte.
Johannes 20,11-18

Von der Trauer zur Hoffnung

Maria von Magdala

Früh am Morgen,
umgeben von Dunkelheit,
steht sie **vor dem Grab Jesu**.

Sie ist verzweifelt.

Jesus,
der, auf den sie und all die anderen
ihre Hoffnung gesetzt hatten,
der, in dem sie ihren Retter sahen,
der, dem sie gefolgt waren,
dieser **Jesus ist tot.**

Ans Kreuz geschlagen.

Zerstörte Hoffnung.
                            Wut.
              Trauer.
                                    Angst.
      Hilflosigkeit.

Zwar ist der Stein vom Grab weggenommen,
aber **der Leichnam Jesu ist** nicht mehr da.
Offensichtlich **verschwunden,**
weggebracht,
sie weiß nicht wohin.

Maria läuft weg.
Sie bleibt nicht.

Sie wendet sich ab.
„Man hat den Herrn weggenommen."

Mit Petrus kehrt sie zurück.
Sie zeigt ihre Trauer.
Weint.
Dann ist sie wieder allein,
mit ihrer Trauer,
ihrer Hilflosigkeit,
allein auf dem Weg zur eigenen Mitte.

Den Engeln, die im Grab sitzen,
bekennt sie ihre eigene Ohnmacht:
„Ich weiß nicht, wohin man ihn gelegt hat."

Maria wendet sich um.
Sie wendet sich ab von der großen Trauer,
hin zur Hoffnung.
Die Not wendet sich zum Leben.

„Frau, warum weinst du?"

Wen suchst du?

Wen ersehnst du?

Warum bist du nur so traurig?

„Herr, wenn du ihn weggebracht hast,
sag mir, wohin du ihn gelegt hast.
Dann will ich ihn holen."

I
80

MARIA !!

Beim Namen gerufen,
erkennt sie den Herrn,
wendet sich die Not,
bricht die Freude an,
kann sie ihren Glauben bekennen:

ICH HABE DEN HERRN GESEHEN!

Damit jeder das ewige Leben hat

Denn Gott hat die Welt so sehr geliebt,
dass er seinen einzigen Sohn hingab,

damit jeder, der an ihn glaubt, nicht zugrunde
geht, sondern das ewige Leben hat.

Johannes 3,16

... damit ich alle Trauernden tröste

Der Geist Gottes, des Herrn, ruht auf mir;
denn der Herr hat mich gesalbt. Er hat mich gesandt,
damit ich den Armen eine frohe Botschaft bringe
und alle heile, deren Herz zerbrochen ist,
damit ich den Gefangenen die Entlassung verkünde
und den Gefesselten die Befreiung,
damit ich ein Gnadenjahr des Herrn ausrufe,
einen Tag der Vergeltung unseres Gottes,
damit ich alle Trauernden tröste,
die Trauernden Zions erfreue,
ihnen Schmuck bringe anstelle von Schmutz,
Freudenöl statt Trauergewand,
Jubel statt der Verzweiflung.
Jesaja 61,1-3

Du zeigst mir den Weg zum Leben

Behüte mich Gott,
ich vertraue dir,
du zeigst mir den Weg zum Leben.
Bei dir ist Freude,
Freude in Fülle.

nach Psalm 16

Euer Kummer wird sich in Freude verwandeln

Noch kurze Zeit, dann seht ihr mich nicht mehr, und wieder eine kurze Zeit, dann werdet ihr mich sehen. Da sagten einige von seinen Jüngern zueinander: Was meint er damit, wenn er zu uns sagt: Noch kurze Zeit, dann seht ihr mich nicht mehr, und wieder eine kurze Zeit, dann werdet ihr mich sehen? Und was bedeutet: Ich gehe zum Vater?

Sie sagten: Was heißt das: eine kurze Zeit? Wir wissen nicht, wovon er redet.

Jesus erkannte, dass sie ihn fragen wollten, und sagte zu ihnen: Ihr macht euch Gedanken darüber, dass ich euch gesagt habe: Noch kurze Zeit, dann seht ihr mich nicht mehr, und wieder eine kurze Zeit, dann werdet ihr mich sehen. Amen, amen, ich sage euch: Ihr werdet weinen und klagen, aber die Welt wird sich freuen; ihr werdet bekümmert sein, aber euer Kummer wird sich in Freude verwandeln. So seid auch ihr jetzt bekümmert, aber ich werde euch wieder sehen; dann wird euer Herz sich freuen und niemand nimmt euch eure Freude.
Johannes 16,16-20.22

Ich will wieder Schritte wagen

Ich will wieder Schritte wagen
zurück ins Leben.

In ein Leben ohne dich
und doch mit dir.

In ein Leben,
in dem die Trauer einen Platz hat
aber nicht mehr alles bestimmt.

In ein Leben,
in das ich dich mit hinein nehme,
in meinen Gedanken,
in meinem Gedenken.

Ich will den Blick nach vorne richten,
aufbrechen,
mich auf den Weg machen,
leben.

Ich will leben im Vertrauen darauf,
dass wir uns wieder sehen.

Ich will leben in der Gewissheit,
dass du nur voraus gegangen bist.

Alles hat seine Zeit

Alles hat seine Stunde.
Für jedes Geschehen unter dem Himmel
gibt es eine bestimmte Zeit:
eine Zeit zum Gebären
 und eine Zeit zum Sterben,
 eine Zeit zum Pflanzen
 und eine Zeit zum Abernten der Pflanzen,
eine Zeit zum Töten
 und eine Zeit zum Heilen,
 eine Zeit zum Niederreißen
 und eine Zeit zum Bauen,
eine Zeit zum Weinen
 und eine Zeit zum Lachen,
 eine Zeit für die Klage
 und eine Zeit für den Tanz;
eine Zeit zum Steine werfen
 und eine Zeit zum Steine sammeln,
 eine Zeit zum Umarmen
 und eine Zeit, die Umarmung zu lösen,
eine Zeit zum Suchen
 und eine Zeit zum Verlieren,
 eine Zeit zum Behalten
 und eine Zeit zum Wegwerfen,
 eine Zeit zum Zerreißen
 und eine Zeit zum Zusammennähen,
eine Zeit zum Schweigen
 und eine Zeit zum Reden,
eine Zeit zum Lieben
 und eine Zeit zum Hassen,
eine Zeit für den Krieg
und eine Zeit für den Frieden.   *Kohelet/Prediger 3,1-8*

Meine Hoffnung

Meine Hoffnung und meine Freude,
meine Stärke, mein Licht.
Christus, meine Zuversicht,
auf dich vertrau ich und fürcht mich nicht.

Ich bin die Auferstehung und das Leben

Ich bin die Auferstehung und das Leben. Wer an mich glaubt, wird leben, auch wenn er stirbt, und jeder, der lebt und an mich glaubt, wird auf ewig nicht sterben.
Johannes 11,25-26

Hab festen Mut und hoffe auf den Herrn!

Der Herr ist mein Licht und mein Heil:
Vor wem sollte ich mich fürchten?

Der Herr ist die Kraft meines Lebens:
Vor wem sollte mir bangen?

Hoffe auf den Herrn und sei stark!
Hab festen Mut und hoffe auf den Herrn!
Psalm 27,1.14

Lass dir Zeit

Die Not wird sich wenden
Die Trauer wird sich in Freude kehren
Aus Dunkelheit wird Licht werden

Lass dir Zeit

Wege werden sich auftun
Neue Perspektiven dich herausfordern

Dein Blick **wird** nach vorn gehen
Neuer Mut wird dein Tun beflügeln

Mit der Zeit wird es Ostern werden
Hab Vertrauen:
Der Tod ist nicht das Ende!
Er ist der Anfang eines neuen Lebens!

Ein Wort zum Schluss ...

„Habt Vertrauen", diese Worte sind mir seit deinem Tod zum ständigen Begleiter geworden. Ich habe sie verzweifelt heraus geschrieen, entmutigt gebetet, mich damit ermutigt und irgendwann verstanden, was du uns damit auf den Weg geben wolltest.

Dein Tod hat mich verändert, hat mein Leben verändert. Dein Gottvertrauen bis in deinen Tod hat mir Kraft und Mut gegeben, meine Trauer um dich anzunehmen, zu leben und zu durchleben. Du weißt, wie lang und schwer der Weg war, und du weißt, dass es auch heute noch Trauertage gibt, an denen alles wieder hoch kommt: alle Fragen, alle Wut, alle Hoffnungslosigkeit.

Aber ich durfte die Erfahrung machen, dass die Not sich wendet und Licht ins Dunkel kommt. Es haben sich Wege aufgetan und neue Perspektiven fordern mich immer wieder heraus.

Ich war nicht allein auf diesem Weg. Es gab Menschen, die mit mir geweint haben, die mein Schweigen ebenso ausgehalten haben wie die 27. Wiederholung derselben Begebenheit. Die mich gehalten haben als ich haltlos war und die mich losgelassen haben, als ich wieder Boden unter den Füßen hatte.

„Habt Vertrauen!" Mit deinem Vermächtnis und mit der Gewissheit, dass Gott in allem mit uns ist, konnte ich diesen Weg gehen.

Ich habe spüren dürfen, dass ER mich hält. In vielen Erinnerungen lebst du mit uns. Einige Dinge sind untrennbar mit dir verbunden. Manchmal habe ich deine Stimme im Ohr, sehe dein Lächeln in den Augen anderer Menschen blitzen.

Dein Tod hat eine Lücke gerissen. Die Frage nach dem „Warum?" ist noch immer nicht beantwortet. Aber ich habe gelernt, zu akzeptieren, dass du nicht mehr mit uns lebst, mit deinen Eltern, Brüdern und Freunden. Im Loslassen haben wir ein anderes Leben geschenkt bekommen. Ohne dich und doch mit dir.

„Habt Vertrauen!", dein Vermächtnis, eine Herausforderung aber auch ein großes Geschenk!

Die Trauerphasen nach Verena Kast,
Schweizer Psychologin

1. Trauerphase: Nicht-Wahrhaben – Wollen

Die Todesnachricht ist ein Schock! Egal, ob sie unvermittelt trifft, oder nach längerer Krankheit schon erwartet werden konnte. Die Endgültigkeit macht fassungslos.
Wir können es nicht glauben, es kann doch nicht wahr sein! Verzweiflung, Hilflosigkeit, Apathie ... Das Spektrum der möglichen Reaktionen ist breit.

2. Trauerphase: Aufbrechende Emotionen

Die Frage nach dem „Warum?" bricht auf. Gefühle bahnen sich ihren Weg. Nach der Wortlosigkeit der ersten Phase kommen Traurigkeit, Wut, Zorn, Schmerz, Leid und Angst an die Oberfläche. Dem Trauernden wird bewusst, was passiert ist. Der geliebte Mensch ist tot, er wird nicht wieder kommen. Fragen drängen sich auf: Warum musste das passieren? Konnte Gott die Krankheit/den Unfall nicht verhindern?
Warum lässt der Verstorbene mich hier allein? Warum musste mein Kind bei diesem fürchterlichen Unfall sterben und der Verursacher hat noch nicht mal eine Schramme abbekommen? Wut und Zorn brechen sich ihre Bahn. Gott, warum lässt du das zu? Alle diese Fragen und Gefühle haben ihren Platz! Sie dürfen und sie müssen zur Sprache kommen. Im Aussprechen können sie verarbeitet werden.

3. Trauerphase: Suchen und Sich-Trennen

In dieser Phase sucht der Trauernde nach Erinnerungen an den Verstorbenen. Greifbare Erinnerungen, wie z. B. Bilder, Gegenstände, die dem Verstorbenen besonders lieb waren und auch gedankliche Erinnerungen an gemeinsame Erlebnisse o.ä. werden gesammelt und wie ein Schatz gehütet. Sie geben dem Trauernden das Gefühl, etwas „zu retten", die Beziehung lebendig zu halten. In dieser Phase fällt oft die Entscheidung, sich dem Leben wieder zuzuwenden. Es wird möglich, den Verstorbenen los zu lassen und wieder Ja zum Weiterleben zu sagen.

4. Trauerphase: Neuer Selbst- und Weltbezug

Allmählich kommt der Trauernde zur Ruhe. Gerade wenn der Raum da war, dem Schmerz, der Klage, den Vorwürfen Ausdruck zu geben, kann die Seele langsam Ruhe finden. Langsam kommt die Zeit, neue Pläne zu schmieden und Eigenverantwortung dafür zu übernehmen, wie das Leben nun für einen selber weiter gehen kann. Die Erfahrungen der Trauer verändern einen Menschen, hinterlassen Spuren, verändern das Leben des Trauernden oft grundlegend. In den Gedanken und Erinnerungen lebt der Verstorbene weiter und bleibt Teil des Lebens.

Jede der Trauerphasen ist in sich abgegrenzt. Es gibt für den Trauernden einen klaren Anfang und ein klares Ende jeder Phase. In welchem zeitlichen Rahmen sich das bewegt, ist individuell verschieden. Es gibt keine zeitlichen Vorgaben, wann „es denn nun gut ist" mit der Trauer. Die Texte dieses Buches lehnen sich in ihren Inhalten an diese Trauerphasen an. Sie möchten begleiten und Mut machen, allen Empfindungen Raum zu geben. Fassungslosigkeit, Wut, Klage und Traurigkeit. Sie möchten aber auch nach einer Zeit helfen, den Blick wieder nach vorne zu richten, den Weg zurück ins Leben zu finden.

Ich möchte allen, die um einen lieben Menschen trauern, mit diesem Buch Mut machen, ihre Trauer anzunehmen und sie zu leben.
Ich möchte Sie ermutigen, mit Gott im Gespräch zu bleiben. Er hat ein offenes Ohr für all Ihre Wut und Trauer, Ihre Fassungslosigkeit, Ihre Klage und Ihren Schmerz. Sie sind mit Ihrem Schmerz nicht allein. Auch wenn Sie im Augenblick glauben, dass Sie von Gott verlassen sind, er hält Sie gerade in dieser schweren Zeit in seiner Hand. Ich wünsche Ihnen, dass für Sie der Tag kommt, an dem der Schmerz nachlässt und dankbare Erinnerung das Gedenken an den Verstorbenen bestimmt.

Allen, die andere in ihrer Trauer begleiten, mögen diese Texte Hilfe sein, den Weg mit einem trauernden Menschen zu gehen, für ihn da zu sein und die eine oder andere Reaktion besser zu verstehen.

Quellennachweis

Alle Bibeltexte sind entnommen aus der Einheitsübersetzung der Heiligen Schrift. © 1980 Katholische Bibelanstalt GmbH, Stuttgart

Seite 36: aus Lothar Zenetti, Auf seiner Spur. Texte gläubiger Zuversicht (TOPOS PLUS 327), © Matthias Grünewald-Verlag der Schwabenverlag AG, Ostfildern 4/2006, S. 141

Seite 38 ff: Pia Biehl, Meditation zum Psalm 56, aus: B. Kowalski (Hrsg.), Sammle meine Tränen in einem Krug, Texte und Predigten für Beerdigungen. © 2000 Verlag Katholisches Bibelwerk GmbH, Stuttgart

Seite 42-44: Liedtext: GL 621, T.: Huub Osterhuis 1964,Übertragung: Lothar Zenetti, 1973, Ich stehe vor dir mit leeren Händen, © Gooi & Sticht, für den deutschsprachigen Raum: Christophorus-Verlag, Freiburg i.Br.

Seite 57: aus Taizé: Mon âme se repose; Seite 84: aus Taizè nach Psalm 16;

Seite 88: aus Taizé, El Senyor; © Ateliers et Presses de Taizé, F-71250 Taizé-Communauté, France

Seite 94 ff: www.trauer-fundgrube.de/Allgemein/Trauer/trauer.html

Alle anderen nicht gekennzeichneten Texte sind Eigentexte.